Hendrik Trautmann

DER STRAHLENBRECHUNG ENTRONNENER SCHREI

Lyrik von 2001 bis 2017

dank Evelyn

Hendrik Trautmann

DER STRAHLENBRECHUNG ENTRONNENER SCHREI

Lyrik von 2001 bis 2017

Bibliografische Information der Deutschen Nationalbibliothek:
Die Deutsche Nationalbibliothek verzeichnet diese Publikation in der
Deutschen Nationalbibliografie; detaillierte bibliografische Daten sind im
Internet über dnb.dnb.de abrufbar.

Herstellung und Verlag:
BoD – Books on Demand, Norderstedt

ISBN: 978-3-7481-6049-6

Wenn Du vor mir stehst und mich ansiehst,
was weißt Du von den Schmerzen,
die in mir sind und was weiß ich von den Deinen.
Und wenn ich mich vor Dir niederwerfen würde
und weinen und erzählen,
was wüsstest Du von mir mehr als von der Hölle,
wenn Dir jemand erzählt, sie ist heiß und fürchterlich.
Schon darum sollten wir Menschen voreinander so ehrfürchtig,
so nachdenklich, so liebend stehn wie vor dem Eingang zur Hölle.

FRANZ KAFKA

Im Folgenden:
– dahingeklatscht! –
Wiederkehrendes,
blanke Stichpunkte,
Assoziationen bis konkrete Themenkomplexe,
die bei Bedarf
herangezogen werden können,
um Deutungen der einzelnen Stücke
oder des gesamten hier eröffneten Raumes
anzukurbeln.
...oder zu durchkreuzen...
Die Wahl im Spiele;
sortiere, spiegle –
ein Angebot.

Krone der Schöpfung/Anthropozentrismus

der Selbst-amputierende Mensch

+/- Nostalgie

Auf der Suche nach Wildnis, Fremde,
Ur-Sprüngliches/Regression

human enhancement
– kontraproduktive Fehlausrichtung

Zwie-/Lustgespräche,
Introspektion

Kulturindustrie, Techno-/Mediokratie

Taxonomie-Neurosen   (Selbst)Ironie
Logozentrismus
Szientismus

zwanghaft-analytisches Denken → Verkopfung

Fremdenangst und Fremdenhass
entgegen der Erstarkung der Rechten

Memento mori

Rausch, Ekstase; Pflanzen-Gespräche und -Experimente
Entheogene, holotrope Zustände

Diktate aus dem Nichts

verlorengegangene Einheit

spinnend spielend FANTASIEREN als Gabe von sonstwo

Sackgassen-Ich

Konformismus/Verkrustung
vs.
Grenzensprengung/Chaos/Transzendenz

depressive Episoden, fix und alle,
Horrortrips, Schizophrenie

Potenzial und Notwendigkeit
von Berührung/Kultivierung der
Sinne; Sexus

Landschaftsliebe, Reisen, Draußen-Sein

Spiritualität
Schamanismus
kosmisches Bewusstsein

Magie und Geheimnis statt Wissenshäufung und Rätsellösung

Kultur/Zivilisation vs.
Natur vs.
Leben in „in/auf der Welt sein"

Bestürzung, Enttäuschung, Nihilismus
vs.
Se(e)ligkeit, ein Feiern der Existenz und Dankbarkeit

Dialektik
=
Extrempolung

Ich glaube an das narkotische Getränk,
an die Wiedergeburt der Widergeburt.

Inmitten von Barbarei und Wühlnis
des unsterblichen Irrtums.

Von Säkulum zu Säkulum überführte
abertausende Augen - Brüder und Schwestern -
in fremden Gemächern und verwehrten Kabinetten -
abertausende namenlose Augen,
gepfercht in Raum - unerinnerbare Enklave,
vorhanden durch Hirn,
verfügbar im Rausch.

Ich glaube an den Schleier des Hauchs,
jenes Greifen der Schwere im Niemandsraum.

Gesuch der Gestalten aus Märchen und Brut
der erzwungenen Lüste und epiphanischer Not
tröpfeln ihr Gift, perlen aschenen Wein
auf abertausende Zungen:
lechzend nach Träumen, panisch nach Leib.

Ich glaube an die Tyrannei
der Vollendung aus Bosheit und Liebestaten.

Will nochmal geboren werden.
Von da an ist dann Luft. Nach oben:
in der Hoffnung, verheimlicht zu bekommen,
was den Menschen zum Menschen macht(e).
Will nochmal geboren werden:
ein Dasein ohne Wissen.
Ahnungen.
Stoff?

(BE)RÜHRE DICH!

Ob Formel, Traktat, Mana-Wecken:
Es ist nun einmal Zeit,
sich des Widmungskorsetts zu entledigen.

I
Streife dein Schlüsselbein unweit der Kehle
im Digitusbeerengespann.
Male dann, nun alle Fünf inne, indem du
die Spur deines Firnisses löschst,
vom Rand ins Zentrum, beiderhand.
Zephirische Mantelschwebe, deren Rippenrhythmus
du bestimmst:
Wandere im Sog der Lockung, nehme sie an,
deine Vorahnungslust.

Enkosiere deine Landschaft, die du Oberfläche heißt,
du bist jetzt beides gleichermaßen – innen und außen –
also akzeptiere auch deiner Finger Lebenslauf,
versetz dich in ihre Rillen, Furchen, Riefe,
genieße das Zwiegespräch.

Denn Selbstakzeptanz ist erdend, doch statisch,
Genuss hingegen uferlos.

Und dahin breche auf.

(*3)
Der Strahlenbrechung entronnener Schrei,
im Blut des Mohns ertrunken:
zwei Hälften, schwellend – die Last gen Erde,
nicht weit vom Kern versunken,
nicht weit vom Kern versunken.

(*4)
Der Strahlenbrechung entronnener Schrei,
ein Stich, opak: die Mandelrinde,
kollektive Amygdala,
der Apparat - ein Todgewinde,
der Apparat - ein Todgewinde.

(*3)
Der Strahlenbrechung entronnener Schrei,
ein jeder Winkel: Demutsraum.
Wendung der Wendung im Kinderzimmer,
Seite an Seite, Saum an Saum,
Seite an Seite, Saum an Saum.

IST-SITUATION

Ich stand einmal, nicht weit von München,
auf einem weiten Platz.
Kaum ein Grün. Kleinkieslig, staubig, trocken, heiß.
Die Sonne brannte, dass es schmerzte –
Kopfschmerz, Schwindel, Taumel
primär Hunger, Durst.
Ein anderer erbrach beinah
bei der Vorstellung der Reproduzierung
eines ihm unbekannten Geruches.

Quengelnde Kinder und noch am Ort vergessen,
wer in Dachau Qualen litt
und leidet?

FRÜHSTÜCK

Eben noch tauschte ich Menschenleben gegen
zwei, drei Kellen Kaffeesahne
und selbst die Strenge der Olive in meinem Maul
schneidet
tiefer
als die fette Letter, thronend
über erahntes Unheil
auf des Trunkenen Morgenblatt.

Ewigkeiten ward ich auf der Jagd,
in karger Gegend nach Träumen so zart,
durch feuchte Wüsten und staubiges Eis
gerüstet mit Furcht und verzweifeltem Fleiß.

Doch die Götter waren mir gnädig,
erblindet an der Eitelkeit
wurd' ich an Land gezogen
aus dem Meer des Selbstmitleids.

An klarer Luft auf festem Grund mein Leib sich nährt!
Der Sonne Kraft neues Licht beschert.
Großen Schrittes, auf gemeinsamer Reise,
im Bunde nahe klug, fast weise.

Aus der Not die Rettung,
kräftige Hand wurde mir gereicht,
führte mich aus allem Übel
in das Tal der Heiterkeit.

Glasgemurmel, Faserteil Weichwald-Gesülze.
Tonia ist da, Maxi auch. Was macht Julia am Buffet?
Sag es mir, Schildkrötengesicht beim Kerzenschein.
Authentica Membranum könnt' es heißen,
wenn man bei Flugzeugträgern verweilt. Peterl, Peterle,
sag es mir, was du hinter deinen Atlanten versteckst, du
Joghurtfresse. Am Zahn geächzt, das Gebälk unter dem
Milchwald, als du Zeitzeuge warst.
Membrane = Schamane, Wildwuchs, Synonymgezwitscher.

* einer beliebigen Baumrinde vom Planetensystem erzählt

* eine Löwenzahnpusteblume kopfüber in einen See getaucht, um zu schauen, ob daraus ein neues Element entsteht

* einen Schlüssel mit bedächtiger Geste in der Hand drehend angeschrien

* den Mistral mit Pailletten besetzt

* die Poren einer Orangenschale gezählt

* so lange an einer Glasscheibe geleckt, bis ich mir einbildete, dass sie den Geschmack von Malz in sich trüge

* das Origami der Manipulation bezichtigt

* mit zerrissenen Schnipseln eines Telefonbuchs Blumenerde zu imitieren versucht

* das Schaumweinsteuergesetz an die Flügel einer Mahlmühle geheftet

* kannibalisch anmutend geschielt, während diese kleinen halbtransparenten Vorrichtungen in monströsen Fotoalben, diese vorgefertigten Ecken da zum Einspannen, tatsächlich anfingen, mir zu gefallen

* einen Rochen aufgefordert

* mein Portemonnaie einem von einem Flugzeugträger abhebenden Jet nachgeworfen

* karierte Pommes

* Klebstoff jeglicher Art als Püree interpretiert

* einen Lautsprecher lauthals ausgelacht

* die Schnürsenkel Napoleons Nachkommen verwaltet, indem ich sie 200 Meter tief im Sandkasten meiner flambierten Wellensittiche versenkte

* auf einem Schachbrett den Äther ausgelotet, weil es sich auf D5 so anbot

* einen Ferrari als solchen erkannt, weil dies eindeutig über die Kategorien des Naschens hinausgeht

* mir einen Knopf an die Backe genäht

* eine Semmel ins Knie geschossen

*

*

*

*

*

*

*

* in der Fußgängerzone einen fremden Stier von Mann ohne Vorwarnung aufrichtig in den Arm genommen, um uns beide zu entlarven.

...oder um zu riskieren, eine aufs Maul zu bekommen.

Im Galopp den Pinsel schwingen,
Raps applaudiert dem Inkarnat,
während die glühend' Krone
Aussöhnung findet
im Atem des Jetzt
des Friedens.

sinnlichkeit   sinnlich**k**eit
entf**a**ltung   entfalt**u**ng
diversität   diversität
geis**t**   geist
leben   **l**eben
gott   got**t**
kreisla**uf**   kreisla**uf**
p**r**imitivität   p**r**imitivität
schönheit   schönheit

IM SELBEN BOOT
WELCH UFER
WÄHLEN?

Malvenschmatzend bis lehmig um das Bett.
Mutwillig der Lichtmangel,
liegt der Zaubernabel doch im Kegel frei.
Um uns spiralende Tücher und Seiden,
mosaike Muster wickeln Formen nach –
Schattenschmiegungsprojektion
im flackernden Reigen manch lüsterner Gewächse.
Ihre Umarmungsaugen ein Widerhall
meines petite morts in Anbetracht.

Schmeiße deine Augen, umzingelnde Weite,
und lasse deinen Kelleratem schwingen
an Fugen aus Papier und Haar.

Nessel mich, indem du schüttest,
vergebe mir, indem du gibst,
ich zweifle deine Grenzen an!

Hebel dein eigen Gemeißel aus, läutere die Seenplatten,
schmelze all dein Hab und Gut,
auf das wir tiefer sphären mögen.

Hältst das Mehr zurück, das Plus,
lilast deine Korridore, die du Arabesken heißt,
und scheinst dich zu befinden, verläufst dich im Spiel der Sande.

Wiege deine Goldentaten:
ich liege, du liegst. Also ist es ein Gebet.
Es dauert so lange es dauert es dauert.

Eigentlich vermisse ich Sperma,
wenn ich Werbung im Fernsehn seh
und dicke Titten preisen
den neuen Messmer Wohlfühltee,
während Joggerinnen sich nackisch machen -
was ham wa wieder gelacht!

Noch n Arsch, ne Fotze hier,
reibend, reibend,
Nipplegate, Nipplegate, hahahahahahaha
hahahahahahaha

Wen suchen wir? Wer hat's erkannt? Wer ruft an?
Die Leitungen schließen jetzt -
doch vorher:
ein bisschen Kultur.
welchen Klingelton soll ich bloß wählen?
Oder doch die geile Christina nehmen?
Freu mich schon auf kommende Jahre,
wenn bei Bärbel geile Paare
Pisse trinken.
Arschlöcher auswachsen lassen.
Ringe durch die Nille schießen.
(Nur zur Show/usw.)

Ok, das mag ja sein,
denn ab und zu bezieh ich Brennnesseln ein.
Mensch, ins Liebesspiel, nicht in den Tee!
Schleimhaut, Drüsen: oh Weh oh Weh!

Du perverses Schwein!

Ok, das mag ja sein,
denn ab und zu steig ich in 'ne Windel rein
und piss mich zu bis obenhin,
steh vorm Spiegel: Lustgewinn.

Du perverses Schwein!

Ok, das mag ja sein,
denn ab und zu tauch ich in Honig ein,
wo die Sonne nicht scheint und der Mond aufgeht,
mögen es Katzenzungen ganz konkret.

Du perverses Schwein!

Ok, das mag ja sein,
denn ab und zu jag ich mir 'n Kruzifix rein,
wenn kein Pimmel oder Dildo zur Stelle ist
und die geschliffene Kante Genüsse verspricht.

Du perverses Schwein!

Ok, das mag ja sein,
denn ab und zu lass ich mich auf Bondage ein,
auf die harte Tour, mit Panzerband,
Knebel, Maulkorb, allerhand!

Du perverses Schwein!

Ok, das mag ja sein,
aber wenigstens fällt mir was ein,

während ihr euch wähnt,
normal zu sein,
möchte, muss und werd ich
sein.
Während ihr zerstört und mordet,
eure Hirne überbordet,
an Folter, Hinrichtung und Kriegsgerät –
hol' ich mir einen runter:

Das ist Kreativität.

Ich pumpe nur noch -
pffh! puuh! pah!
Plustrige Backen.
Kratze Reste zusammen.
Zumindest ein Jahr lang
hast du mich beschäftigt.
aktiv
Denk mal an den Abend zurück:
„Wie die Penner, vor den Schienen, an den Gleisen."
Hier und jetzt
denke ich mir Trauer-Skalen.
Nur ein Versuch

Wir verlangen
und gieren
nach reinem Wein
und vergessen dabei,
das Gefäß zu achten,
welches wir selber sind;
ein jedes für sich,
jeder für sich
und Gott gegen alle.

Nur die Collage scheint mir angebracht.

Es ist das Greifen, nicht das Atmen.
                    Wie gesättigt man ist –
    welch Schwellungen man nährt.

        Alles ist Greifen, aktiv wie passiv.

Und dann die Gerüche.
                    Die Beschämung klebt mir an den
        Füßen,
                nicht das Gift.

    (der gesalbte Europäer)
besprüht, geimpft, hygienisch;
    mit seinem an die Stirn gepinnten Herzinfarktrisiko.

                        Man wartet darauf, dass
                man   angestarrt wird.

Anhäufung, aber nicht Kumulation, schon gar nicht mechanisch.

        In der glänzenden Rüstung wa(r)tend,
    auf dass sich die geliebten Bedrohungen darin spiegeln
mögen.
        Die Parasitenpanikparanoia.

            Präsenz. Willkommensheißung.
        „Berühre mich", atmet mir sein Dunst ins Ohr.

„Wir haben dich erwartet,
    spüren deine Wertschätzung und Respekt."
            Zu Grunde gehen –: denn hier liegt alles Geheimnis,
    das dich nährt – seit den ersten Tagen schon –
            Lippenblütler, Hülsenfrüchtler – beseelt,
                während du dich quälst.

Tröstung

und der unmittelbare Wunsch,
           mit diesem Frieden, Glück und Euphorie
    darüber
    bestmöglich rasch zu sterben.

TARAPOTO

Hier.
Bin ich erschöpft worden
(Vielleicht wir alle).
Ich aber wurde beraubt; vielmehr entlastet:
meines Selbst-Werts,
den ich bis hierhin mit Philosophie verwechselte.

Die Tropenaura.
Hat meine Tempel einstürzen lassen
(sorgsam all die Jahre aufgebaut).
Befreit hat sie mich,
indem sie mir zeigte,
wie vollkommen mein Selbst
vollkommen ist.

Aber manchmal, wenn deine Kokoshülle mir fern ist,
greife ich ins (De)Siderium zurück. Mindestens.
Denn dort liegen wir: begraben, oder, voller Stolz,
auf Keimung wartend:
(Auf)Erstehung.

Wo, wann und wie lange sind wir uns begegnet?
D'où venons nous? Que sommes nous? Où allons nous?

Einander schmieden wir Untergang und Verheißung
- synchron -
Während du in mir wühlst, als Schlange,
- in unserem Einverständnis fernab der Westtradition -
bedeutest du PFLANZUNG, Äon um Äon,
BEDEUTEST du, Äon um Äon.

Offenbarung und Geheimnis,
im Aderfluss der Trop(f)en inne
angespült auf der Fanfare,
die UR-Sprung ist
und Moleküle perlt.

Denn dorthin schreiten wir: ins Wasser,
welches Fruchtwasser ist;
Mutter.

umarmend.
verschmelzend.
auflösend.
In die Tiefe,
Weltenseel.

Waren schon immer da,
Unwissend, ob wir bleiben werden.

Die geschlossenen Augen – der offene Mund,
trockene Kehle – doch Sperma am Schlund,
wo das wächserne Bild auf Bauch und Brust
verewigt, dass ich nicht mehr kommen *muss*.

Doch ich *will* und *will* und *will* und *will*

Geruch und Geschmack.

Deine Spalten lob ich mir, ebenso die Poren
- Schaumgeboren(e), die du bist -
Wenn du mir sanft die Glans erküsst,
möcht' ich dich reißen – näher als entzwei,
meine Zunge dir schenken,
mein Konterfei
lösen,
das Antlitz bewahren,
Wünsche erahnen, *deine* entlocken,
überall sein, wo du Fraktale vermisst.

Doch ich *will* und *will* und *will* und *will*

Regression; den Verschmelzungsakt.

Es sind unser aller Zungen, jenes Hesse-Zitat
und letztendlich das, was ein *jeder* vermag,
aber *niemand* verwahrt
wie du und ich
im Schatullenformat –
Refugiumspflicht.

Oh wie geil es ist, auf dich geil zu sein!
Mit Schwäche im Schwanz, die Süße verspricht,
während er mit Muskeln protzt und zugleich erlischt,
recke ich dir den Arsch entgegen,
fordre dein Becken heraus, Galaxien widmend
im Zuckungsapplaus.

Doch ich *will* und *will* und *will* und *will*

Inversion statt Invasion.

Wie du meine Seele benetzt, indem deine Blöße mich speist!
Bereits.
Blühend fernab jeder Voraussagbarkeit.
Und Definition und Mühe und Lohn
beim Anblick eines Dastehens mit Ohnmacht drohen.

Über-All-in-dir-Sein

Konzentrisch eingebälkt, verewigt,
glänzt nun unser Segensfluch,
der da lautet Maßstabstreue
unser beider Ewigkeiten Ruhm.

Wir werden ihn zu teilen wissen:
Schließlich warst du ich, war ich du
in jener Emulsion
goldner Waben eingetränkt.

Jenseits aller Tage und Stunden
geh ich davon aus,
um anzugehen.

Düsenschaum im Brillenetui schmeckt weniger
nach Kohlensäure. Rapsschmand im Kaffeebecher,
denn du kommst deiner Bestimmung als x nicht mehr nach;
denn damals hatte ich noch regelmäßiger gegessen im
Briefformat, im Klapsen-schranken-weit-tisch-Geselle.
Schafbrot, Schafbrett, Guillotine a la francaise, da Suppen,
da Suppen bis Souflée, Fressssssssen, am Tisch, bei Tisch,
auf der Straße, Countdown – bitte! floskelhaft das Geschmetter
bis Giraffe, Geraschel meine ich, du Hülsenlüge, Reingeburt,
freskenhaft den Dollar bewahrt; den habe ich mir doch in die
Tasche wachsen lassen, als ich nach den Hosenträgern schielte.
„aufgewühlt", sage ich. Konserve, Konserve. Spielraum. Freiraum.

Den Sandmund auftun, den Rachen bestehlen, noch
einmal Fragen spielen, wo Gewissheit zwischen die Zehen spuckt.
Wende ins Publikum, in die Speiseröhre,
in die ersehnte, verfluchte Eskorte greifen
und im weißen Bus wartet Chopin,
in den Muscheln wartet Chopin.

Mit Haut und Knochen die Metamorphose atmen,
in jedem Korn, Kristall, Smaragd
magnetisch flutend
einen Gott ergründen
wie einst George, auf Seite soundso in damaligen Bibeln:
eingebrannt

Verdammt, so schmier mich doch ein...
Mit irgendwas, das haften bleibt, das klebrig ist.
Dann brauch ich mich nur noch zu wälzen
hier, am so eben deklarierten Episodenstrand.

Welches Drama vermag ohne Gaffer zu locken?

Immer wieder, gleich des Menschen besten Freund -
Fragen durch Bewegungen, Verbalsprache bleibt aus,
penetranter Fokus und erneutes Klopfen
leiten zum Spiel und erbitten den Kampf.

Ein Winseln, ein Fiepen, Unterwerfung -
nimmer ein Streben, Wollen, Bedarf,
einzig allein Verzweiflung trampelt
Richtung
kautschukähnlichem Gott.
Klaustrophobisch, die Luft wird dünner
und beißende Lügen ausgepresst.

Ich, und kein anderer WIE ich,
ist das Gefangene meiner egobasierten Funktion als intellektueller
Wicht:
Ich ist schon lange am Ende.

Ohnmacht inmitten, anhand dieses banalen Moments,
ein Wimpernschlag der Treue:
Bereits ein Blick auf diesen Schnipsel (dieser hier)
beschwört Irritationen, jongliert mit Reflexen,
mit Rotstift am Rande
mahnend und markierend:

DUNKELFARBIG – AROMATISCH – ERGIEBIG

Hier sind die Ebenen verrutscht;
die drei Begrifflichkeiten passen in ihrer repräsentierten
Enge
schlichtweg nicht zusammen.
Ganz abgesehen von ihrem Mangel an Relevanz
und fragwürdiger Adressatenorientierung
sowie ihrer Überzeugungskraft, die Kaufkraft meint.

Ich bin schon lange am Ende. Aber habe es immer nur erahnt:
Mein krankhaft analytisch-reflexives System ist nimmer ein
Strudel, sondern schon weiter vorangeschritten...
Meine Reise war doch ins Universum geplant
und war dazu verdammt, im Rollstuhl zu enden:

der Bildungsspasti

hat sich selbst geboren,
das Krüppeltum nennt sich der aufrechte Gang.

Meine selbst erstellten Zeilen
vor den meinen und den deinen Augen
führen umso tragischer den Widerspruch vor.

Amen.

Mal wieder.
Und an wen eigentlich gerichtet?

Müsste die Rückschau an eine Schöpfung nicht genügen,
um jegliches Analysieren und Taxonomieren
den Garaus zu machen?

Den Garaus!?!
Der beste und abschließendste Beweis,
den ich mir vorstellen kann:
Habe das Theobromin noch nicht mal resorbiert,
ha ha – reingelegt!!!

Mit seiner salzig geperlten Zunge zerhackt er uns das Genick.
Wir applaudieren ihm dabei und lecken ihm die Stiefel.
Seinem Witz brauch ich nicht zu widerstehen.
Ich fühle mich erhaben.
Und lecke ihm die Stiefel,
krieche ihm in den Arsch.

Füge dich eines Bildes,
deines Repoussoirs, das aus dir entsingt:
in individuellster Schließung ein schummrig Zimmer.
Äußerst wichtig, dass dein Innenraum plädiert.
Weshalb, vermag ich nicht zu sagen –
denn außerstande bin ich.
Außen dir ist niemand anderes dort.
Oder war es hier?
Gehe nun vier bedächtige Schritte, die Definition ausatmen.
Kopf gen Boden, fasse Posto –: du weist schon. Längst.
Forme deine Hände im Sinne einer Schale.
Schließe die Augen für eine Wichtigkeit,
deren Länge du bestimmst, halte inne!
Zupfe sie wieder auf;
nun schwebt köstlich roter Sand darin.

Eine Glühbirne fällt innerorts aus Schulterhöhe auf den Boden.

Den härtesten, den ich mir vorstellen kann;
soweit weiß ich noch.
Entscheidend ist das Geräusch
beim Warten auf dieses Geräusch,
kurz nach dem Entgleiten aus meinen Fingern.

Und während des Aufprall-Lauerns zappelt der gläserne Hauch
gespenstisch
durch sämtliche Definitionen von Raum,
die wir zu vergeben haben,
nach oben wie ein schnappender Fisch,
rettet sich jeweils einen Millimeter geheißen rückwärts
beim Abspielen vor dem Zerfall
und platzt dennoch, dann eben zweistufig:

Bild vor, Bild zurück, Bild vor, Bild zurück...

verharrt in dieser Starre seines diamantenen Antlitzes,
polt dessen visuelle Schärfe in einen niedlich Urknall um
und der weichsten Wut,
seiner Dünne geschuldet, seiner Erwartung entzogen.

Also doch ein Ende - welches auch nur Umschlag ist,
denn das ist erst der Anfang:

!PAFF!
.....
..... (Urknall-Synkope):

Nun bin ich gefangen,
Ich bin *drin* im Salbeischoß.
Aber bin nicht mehr, bin nichts mehr,
bin der Gestalt der sagenlosen Blätter ingegeben.

Ebenso wie das Flammen der Glühbirne
sprudelt es unvermittelt aus dem Boden hervor:

schwarz-pinke Bögen, Ornamente der ersten und letzten Kraft,
von Beginn an nicht in Frage zu stellende Souveränität,
keine Zweifel,
füllen unaufhaltsam überlagernd, fließen und sprießen,
das Wohnzimmer läuft über.

Die Mandala-Ahnung schwellt sich auf
zu kolossalen Symmetrien,
die Bögen stapeln grün, kathedralenfüllend
aus dem Innen-Nichts in das Außen-Nichts,
verkleben, spalten, stülpen sich aus sich selbst hervor,
meisterhaft entworfen, gedruckt, gezeichnet, gemalt
ziehen unablässig Geburten an mir und dem klaren Schwarz
vorbei,
welches das Interieur als Komfortzone vergessen macht,
und nicht nur die gewohnten Wände und Decken demontiert,
sich auch an meinem Namarupakleid zu schaffen macht,
mein Ich entgleitungsschmiedend pulverisiert.

Denn ich bin zu weit gegangen,
indem ich zu sehr zurückgeflohen bin,
bin gefangen,
befinde mich im Salbeischoß,
bin der Gestalt der sagenlosen Blätter ingegeben.

Befinden? Da ist nichts mehr,
was dieses Schauspiel beklatschen könnt.
Standpunktebbe.
cogito wie war das? Am Arsch! - weg vom Fenster -
Ich bin nicht mal mehr allein.

= Widerworte.

Aber wer nimmt dann diese Schnelligkeit wahr,
diese kontinuierlich präzise Schnelligkeit?

Abfolge um Abfolge eine Demonstration an Stabilität der
Formen und ihrer majestätischen Verlässlichkeit, fernab von
Dämonen:
Wie die Sonne im Zeitraffer, so geht in der Blütenkorona
plötzlich
ein stilisiertes Cartoon-Gesicht hervor,
immer und immer wiederkehrend ein Goofy? ein Sylvester? –
Was weiß Ich. Aber in absoluter Klarheit der Farben ist er
einfach da, rauscht vorbei, will mir nichts Böses,
scheint *mich* gar nicht zu sehen.

Denn allmählich kehrt etwas Subjekt wieder, ja,
da bin ich, ich!
Wenn auch nur Stück für Stück, in vertikale Fetzen zerschnitten,
tranchiert, bin ich es, der gewahr wird! Oder nicht? Bitte! Bitte!

Das Florale weicht, die Befugnis der Farben bleibt:
Purpur-Bordeaux nun mein Zustand
zwischen
Panik und Hoffnung,
die da heißt Rückgewinn oder Proprium-Fahndung.

Auch verlangsamt sich die Gravitationstrommel
nun deutlich spürbar,
schält mein Bewusstsein jedoch noch immer sanft in Scheiben.

= Ausläufer.

Raum und Zeit changieren, jonglieren mit meinen Ego-Stadien
und rotieren, mehrfach, synchron, überlappend:
mein Instanzen-Selbst in der Dromomanie
an unterschiedlichen Stätten der Erinnerung
und des Erwachens angedockt,
ob als unschuldig Spross, ob als Ausgerichteter –
zumindest *ein* menschlicher Funken, simultanes Glühen,
durch die Lippen meiner eigen Legende gepresst.

Mittlerweile konzentrische Stabilität.
Der Schrecken lässt merklich nach.

Erste Witzeleien über das frisch Abgespeicherte.
Davon muss ich erzählen!
– Auf das Flehen die Sensation –

Oder sind meine Impulse,
ist mein Gehirn-Gehirn noch ganz anderswo?

Staunen,
Zweifeln,
Reflexion,
Verarbeitung,
Applikation...
...und irgendwann die Routine.

Schon bald bin ich wieder ganz,

geheilt.

Wovon eigentlich?

Scheiß dich glücklich. Ach ja, Seufzer, Schneuzer, geaxt,
geliebäugelt, Rezepten-Retorte.
Ich esse zu Tisch beim Revolten-Diktat.
Was denkst du?
So lange das mit Läsionen noch zu bewältigen ist...
wollte ich doch Werner Herzogs Aida gefangen nehmen,
um darin zu hausen, hausen, Caspar Hauser,
Ross. Ross. Ross. Rossi-Cabanossi.
Krusade. Kruzifix. Retorten-Aborte, Reagenzgläser-
Machenschaften. Hippiebraut, Sauerkraut.

Trockener Mund. Kann mich nicht beklagen –
wie denn auch, bei wem? Kriegs Maul kaum auf,
tut weh, die Lippen kleben.
Frage mich(!):
Hat sich dieser Schlaf gelohnt?
Wenn man schon vorher weiß,
wie matt, wie zäh – in den Bewegungen, und dem Denken
das Aufraffen ist, das kurze Zucken.
Der Schrecken beim Schlag des kalten Wassers ins Gesicht:
Blau auf Haut.
Naives Blau auf Haut, geschützt in weißer Schale,
und dann ganz verpflichtend, wie in Filmen,
der Hieb; kurz oder lang,
der Blick und das Warten.

Deiner Ketten schweren Glieder, Menschenkind,
ächzen trocken und zu hell, als dass sie die Versprechungen
halten mögen, die jenes Bild ein(st)bläuen sollte.

Denn begierig fährst du fort,
nimmermüd' den Hammer schwingend,
schmelzend all dein Hab und Gut
für Tausche um des Auslaufs willen.

Dann kannst du bedeuten (effizient im Rahmen der
Möglichkeiten),
ob Kaste, Abschluss, Abendschule,
IQ, Milieu oder DNA,
und etwas Besonderes im Besonderen machen,
was dich besonders besonders macht...

Alles ist in deiner Hand:
anstatt jenes Symbol über die zweite zu stärken,
klafft *die* eine, wird dir (dramatisch) entzweigerissen –

von wem, verdammt?!

Wir lagen auf der Seite,
ruhend auf dem Bette,
starrten in die Äpfel,
so dass ich nichts verborgen hätte.

Da war nun kein Entrinnen,
doch – eines das entrann:
durchsicht'ge süße Perle
aus der Frucht die Wang' entlang.

Nun also bist du tot.
Von den Bullen zerschmettert.
Kommst nicht mehr wieder, zumindest Aug in Aug
und entfachst doch so viel, gestaltest rastlos wach
und stetig.

und...

mach dich nicht messbar.

lasse dich nicht sabotieren und kategorisieren –
weder von Institutionen; Leistungs-, Medien-, Gruppendruck.

entlarve den Begriff der Multioptionsgesellschaft.
Die „*Multioption*", die in <u>eine</u> (vorgegebene) Richtung läuft
und deine Verwertbarkeit im (kapitalistischen) Apparat bedeutet.

verwechsle Lebensstandard nicht mit Glück.

lass dir nicht einreden, aus dir wird (erst) noch was
oder (erst) dann,
wenn du ein Zeugnis oder Zertifikat in deinen Händen hältst:
Du bist doch tatsächlich bereits jetzt ein vollwertiger Mensch.

korrigiere die Etablierung des *human enhancement*.

prüfe in diesem Zusammenhang auch kritisch die Technokratie
und deren Heilsversprechen; ihren „Fortschritts"-Wahn zwischen
„Wissens"-Wachstum bis „Komfort"-Ausbau.

entledige dich deiner Statussymbole – selbstverschuldete
Amputationen.

genieße die Vielfalt aus humanistischer und/oder biologischer
Sicht, nicht auf Regalhöhe.

akzeptiere deine Absurdität – steig häufiger von deinem hohen
Ross und wechsle ab und zu mal die Perspektive.

nimm dich selbst nicht zu ernst und geh zum Lachen nicht in
den Keller. Zum Weinen auch nicht.

Geh nicht immer den Weg des geringsten Widerstands.

widme dich deiner Fantasie, fordere Magisches heraus und zutage;
erfreu dich deiner Individualität, statt konform zu sein.

lass Kinder ausreden, nimm dich zurück und halt den Mund, höre
zu, lass sacken. Werd nicht erwachsener als nötig; wenn
überhaupt.

geh couragiert zu Werke, mach hier den Mund auf, sag, was dir
nicht passt und begründe.

stelle Dogmen, Autoritäten, die Mediokratie in Frage und lasse
auch dich – von innen und außen – selbst bezweifeln.

kämpfe gegen Diskrimierung, Vorurteile und Repressionen
jeglicher Art, sei es aus Rassismus, Fremdenfeindlichkeit,
Sexismus, Homophobie u. a. destruktiven Tendenzen
hervorgehend.

halte der Verrohung Wärme entgegen.

geh (allein) in die Natur, solange sie noch da ist, und verweile
dort – lasse dich ein, bis sich das Zwiegespräch einstellt, das deine
Meditation bedeutet und dich vom großen Abgleich befreit.

pflege unseren Planeten und konsumiere uns Lebewesen nicht
alle zu Tode.

stelle Altruismus vorne an,
aber verlier dich dabei nicht aus den Sinnen.

prüfe deinen Leidensdruck und den derjenigen,
der mit deinem einhergeht.

erfreue dich der Fremde/dem Fremden in all ihren/seinen
Facetten und bau darauf auf – indem du dir bewusst machst, das
beides stets *in der Überzahl* bleiben wird, Wissenschaft und
Angst trotzend, egal, was komme;
dass in dieser Gewissheit ein erhebliches Maß Lebensbejahung
und Lust stecken, da das NOCH-ZU-ENTDECKENDE, ein Ozean der
Tiefe im Vergleich zur Pfütze aus Wissen, unerschöpflich ist.

* Bleib am Ball, steig ein, mach mit, fahre fort:

....

....

....

....

....

....

....

....

....

In der Ausbildung
bei Klingers Drachenwesen,
stets um Kontravalenz bemüht:

Die Arabesque,
oder die Behandlung des Inkarnats,
Maxime der Farbe, des Lichts.
Eingeworfene Namen: Rilke, Hölderlin, Celan
(hauptsächlich Celan),
George zur Einschüchterung;
ebenso die erteilten Verbote,
Mahnungen zum Verzicht
und noch ein Zitat,
abermals ein großer Name,
wiederholt ein Schreckgespenst.

SPRECHSTUNDE
(ZUM GEDENKEN AN HARTMUT HOEFER)

Ich fass mir immer ans Herz
oder auf das Fleisch darüber –
ja, so schnell hab ich's mir vorgestellt –
da reichen schon ein paar gehetzte Schritte.
Bin gleich da,
greif mir immer unters Hemd,
ertaste den Schweiß.
Ja! So schnell hab ich's mir vorgestellt.
Denke an Rituale der Förmlichkeiten,
von der Kreide bis zur Stunde Null
und darüber hinaus und
komme an, bin knapp anwesend, einen Haken, bitte!
Könnte die Fickfressen das erfragen, was man immer erfragt,
mir fehlt die Luft wie man sagt und
denke an Artikulationsstellen, Reibelaute, Lippenrundung –
da fange ich an zu rechnen, ca. 25 an der Zahl:
ein Plauderhaufen, bis in die Zarge gestöhnt und
denke an Pegel, Dezibel, werde
unterbrochen:

Zwei auf den Hüften gestützte Arme,
gekniffene Augenlichter,
schnaufende Nüstern beschweren sich,
verweisen auf die Liste –

Ach ja, die Liste!
= Ende der Liste –
schon wieder 40 statt 20!

Was heißt es schon, ein Stein zu sein?

Gestade um Gestade
nebst Waschungen von Zärtlichkeit
in Berstungslust, Couvade?

für eine Mutter, die noch keine ist -

> Gaia übt den Menschheitsverzicht.

beansprucht ihn noch weniger
und deshalb umso mehr als uns -

Denn *er* liegt. Und bleibt.
Du nicht,
Ich am allerwenigsten.

WACHUNG

Ich beobachte dich schon lange,
habe aber nie zu fragen gewagt
und weiß nicht,
wie ich zu dir stehen soll.

Ab wann bist du, Tropfen, ein Tropfen?
oder: seit wann?
Wie voluminös kann der größte Tropfen aller Tropfen sein,
anschwellen, bevor er in Teiltropfen zerrinnt?
Kannst du überhaupt allein sein, kannst du
ein Einzelnes sein?
Zerlegst du dich hin und wieder?
Wie geht es dir?
Bist du im Inbegriff zu sterben?
Du machst mich greinen,
Tropfen.

Wenn der erste Fadenwurm mein Ohr heimsucht,
um sich der restlich Ganglien-Schleimung anzunehmen,
Nervenkitzel eine neue Dimension erfährt,
weil mir die Hände grün gebunden
an ein marmoriertes Hautgeflecht,
meine Zunge ein Ballon,
das Darm-Spektakel einer neuen Familie Sättigung verspricht,
die Manna-Tafel ein würzig Brei,
und meine Organe dahinschwemmen, ohne mich fortzutragen,
wenn mein letzter Dialog da Autolyse heißt,
werdet ihr mein Bild, welches eures ist,
noch immer unter mundig Tränen küssen?

nicht an sich,
aber – *auf* sich –

Denn irgendwann hatte er gemerkt,
dass es nur zwei Sorten,
(max. noch 'ne Mischform) seiner Spezies
inmitten
seiner größten zivilisatorischen Errungenschaft gibt,
die da heißt *Diversität.*

Das hat wehgetan!

...und tut immer noch weh.

KonventionsMenschSystemMenschWiederholungsMensch
MonopolyMenschWeihnachtsmarktMenschKonformismusMensch
ZahnrädchenMenschKarriereMenschEllenbogenMensch
PrüfungsMenschEffizienzMenschKonservenMensch
VerschleißMenschKonjunkturwellenMenschAmygdalaMensch
AccessoireMenschBeifallsMenschSamsaraMenschTendenzMensch
ReflexMenschTitelMenschIdiosynkrasieMenschAffektMensch
RepressionsMenschArschlochMenschTaxonomieMensch
ThesenMenschSchaumschlägerMenschAntiMensch
HabituationsMenschUniformMenschThronMensch
ArgwohnMenschSpeziesMenschDistanzMenschBilanzenMensch
BestieMenschGrenzenMenschTrittbrettfahrerMenschSnobMensch
KapitalMenschEinheitenMenschBetonMenschMessMensch
SicherheitsMenschGroßkotzMenschEgoMenschWahnMensch
KomfortMenschMissgunstMenschBanausenMenschSuchtMensch
TauschwertMenschIsmusMenschSchrankenMenschWutMensch
ManieMenschEinheitsbreiMenschSensationsMenschPhobieMensch
NeidMenschVorweisungsMenschKrone der SchöpfungMensch
AlphatierMenschMatadorMenschEinheitsbreiMensch
PassionsMenschHetzMenschEkelMenschOrdnungsMensch
JammerMenschVergleichsMenschAnlastungsMensch
PressionsMenschRichtigkeitsMenschNavigationsMensch
AnalyseMenschFlachtauchMenschBedürfnisMensch
SpannerMenschHorrorMenschKaliberMenschUhrwerkMensch
GeschossMenschDämpferMenschTriebMenschEitelkeitsMensch
KorsettMenschMaterialMenschGeltungsMenschZellenMensch
UngeheuerMenschOkkupationsMenschMachtMensch
HypothekenMenschRessentimentMenschWertgegenstandMensch
SchutzschildMenschDevisenMenschFilialenMensch
AbsicherungsMenschVerbindlichkeitsMenschDeklarationsMensch
FaulMenschKonvulsionsMensch
Mensch
Mensch
Mensch

Wennschon, dennschon:
Hätte man die Bombe des Zaren
nicht gigantischer konstruieren können?
Dann hätte man vielleicht sogar
das Aerosol unserer aller Scheiße
verpuffen lassen können.

DAS GEGENTEIL VON ?X?

https://de.wikipedia.org/wiki/Hinrichtung#Hinrichtungsarten

Bist du gestanzt worden?
Oder gar gewachsen?

Hast deinen Teil dazu beigetragen?
= ein weiteres Mikrosystem im Mikrokosmos

                              im M-I-K-R-O-K-O-S-M-O-S
                                  Mi...

Du Comic-Held,
du Witzfigur!

Unsere gelungensten Tempel -: nicht mal die stehen sicher

ein Anderer:
„Was ist ein Tempel, was bedeutet *sicher*, *gelungen*, *unsere*,
usw. (s. o.)?"

„Es gibt nichts (Unbekanntes) zu entdecken,
                wir werden es zu mikroskopieren wissen!"

Jeder Schritt ein Konstrukt,
meine Gedanken sind überwacht,
durch die Lippen der Geschichte
gepresst und vorgefertigt.

Ich wollte doch immer nur, und will mich noch immer
auskotzen, auspissen, auswichsen, ausscheißen –
die ganze Palette -:
Meinen Schwanz, meine Kuppe, in die trockene Erde bohren,
mich aussaugen lassen, um alles wieder aufzunehmen.

Irgendetwas in mir ist schneller als ich,
ist einen Schritt voraus.

Die ganzen Fickfressen, Tag für Tag:
Ich will sie richten, könnte man meinen,

dabei übernimmt das Aerosol unserer Scheiße das Nötigste.

Ich will sie drücken: sprich, nun ja:
knuddeln, kosen, herzen, reiben.

Hier: versagt unsere Semantik oder Terminologie –
die Ebene eines Anspruchs muss nur kurz angeführt werden.

Ach ja, unsere Terminologie!

Leistung und Feder,
um endlich zum Abspritzen oder ans große Geld zu kommen
(gelegentlich als Maxime aufgeführt)

Wischscheune Dosenblech Öffner Getreide
Schiffstruhe Schatzkammer Glas Mücken M&Ms Eminem Wetten
Dass Johns Lache alles Erinnerungsfetzen -
ist das noch écriture automatique? Ist das wertvoll, hat das Gehalt,
hat alles Gehalt? Krone Münze Topf Topf Honig E. T. A.
Hoffmann, nur eine Ahnung, dass er magisch ist.

Niemals erblickt
und doch ertastet, beinahe gelebt
die Gnade, den Zorn, des Menschen Sehnsucht,
doch nach Höherem der Arme strebt.

Ist er auf der Suche nach neuen Schwüren,
schon dürstet ihm und treu ergeben
dienend, bückend und endlich keuchend:
welch ein Narr, der hier nicht heuchelt!

Lechzender Blick gen Leben –
in Fesseln der Schuld umgeben,
Knecht, kalt sei dein Schweiße in diesen Tagen.
Sag, wie hoch sie ragen, die Früchte?

ERINNERUNG

Immerzu muss ich denken,
an Worte, die ein guter Freund mir gab:
„Das Gefühl des nachlassenden Schmerzes –
das Schönste, das Reinste."
Ich wünsche es herbei,
und verdammt,
es soll mich schlingen!

: Hier geht meine Primitivität voll auf.
Sie erlöst mich der trüben Tupfer
der Werke um Ratio und Spekulation.

Und jedes Mal, wenn er gegessen hatte,
flog das Glas mit den Zähnen
durch Synapsen (meine), Neuronen usw.,
Tabakrauch und Rübensirup
mischten sich mit der großen Schnauze.

Von der pochenden Ader hast du mir erzählt
und es setzte nicht nur Prügel in jener Zeit -
zwei Jahrzehnte gegen dich!

Und jedes Mal...

Wenn das Blut des Mohns Asyl gewährt
in Zyklen geiler Gier auf Fleisch,
des Vaters Angst: „Das Häutchen reißt!"
Familien aus dem Schlafe peitscht –
bist du in der BRD.

Wenn der Job verkorkst, die Frau entjückt,
der ALDI-Schwarzkopp dir die Scheine pflückt,
während sein dicker Benz in der Parkbucht prahlt,
für die du seit Jahren Steuern zahlst –
bist du in der BRD.

Wenn die Leitkultur zu Grunde geht,
es schlecht um Wagner und Nietzsche steht,
selbst Gottschalk und Jauch die Luft ausgeht,
in Bushidos neuem Kultpamphlet –
bist du in der BRD.

Wenn die Warteschleife auf dem Amt
um Haaresbreite das Pilsner bannt,
und später am Schirm in dunklen Armen
Trophäen bedrohlich gen Helden ragen –
bist du in der BRD.

Wenn ganz Afrika ins Haus marschiert,
ein Minarett jäh die Fassade ziert,
statt Kupfer und Diamanten
nur Krüppelmösen mit Ebola stranden –
bist du in der BRD.

Wenn das Smartphone grölt,
der Spielplatz vermüllt,
der Kaffa in der Sonne chillt,
während dein Buckel krum und krümmer wird –
bist du in der BRD.

Wenn die Dynamitgürtel enger geschnallt,
zur Jahreswende der Nafri knallt,
ein verwaister Koffer nah am Gleis
deine Vorstellungsgrenzen zu sprengen weiß –
bist du in der BRD.

EQ-MASSNAHME
oder
ANLEITUNG ZUR PROGRESSIVEN SKLAVEREI
oder
„SIE MÖCHTEN EINEN FLÜCHTLING EINSTELLEN?"

1. Breite die Arme aus. Spiele den Mitfühlenden.
Vergieße Tränen in beide Richtungen, wenn's sein muss.
Lächle wohlwollend. Gib dem Geflüchteten das Gefühl, bei dir
genau an der richtigen Stelle zu sein. Vergewissere dich seiner
Not, die deine Chance bedeutet:
Er ist auf dich angewiesen. Installiere Hoffnungsschimmer, indem
du ihn mit der Aussicht auf einen Ausbildungsvertrag – die
Lizenz für seinen Verbleib in der BRD –
in deinen Betrieb lockst.

2. Schüchtere ihn jedoch gleichwohl ein, indem du ihm einbläust,
dass er sich dafür im Zuge der *Einstiegsqualifizierung*
zunächst einmal bzw. stetig bewähren muss; du hast ihn ab sofort
immerhin mindestens sechs Monate an der Backe.

3. Nutze seine gesamte Arbeitskraft in allen Punkten und für die
Maximaldauer von zwölf Monaten aus – schließlich musst du ihn
innerhalb dieser Spanne nicht bezahlen. Und wenn er am
Sonntag auch mal die festgetrocknete Scheiße im Betriebsklo mit
den Fingern beseitigen muss, ist auch das okay. Guck übrigens
hin und wieder mal nach, ob er nicht etwas mitgehen lässt – und
wenn er dafür seine Taschen vor dir leeren muss (eine gesunde
Portion Erniedrigung am Rande mindert das Risiko eventueller
Höhenflüge und Aufmüpfigkeiten).

4. Also halte die Balance: Vergiss nicht, zwischendurch immer
wieder für Laune und Lichtblicke zu sorgen.
Denn eine günstigere vollwertige Arbeitskraft kannst du nicht
finden; zumindest... – die 231€ bezahlt ja das Amt. Schon hart,
dass *er* die dann auch noch von seinem Grundbetrag abziehen
muss (glaube, das sind zurzeit so um die 400 Tacken?), aber das ist
ja nicht dein Problem. Zudem hilfst du ihm schon genug,
indem du ihm eine Perspektive eröffnest.

5. Halte ggf. früh genug die Augen nach Nachschub auf –
an Kanaken mangelt es ja nicht, aber die zwölf Monate sind
schnell um und wer weiß, wie lange das so noch gehen kann.

6. Tritt ihm nach Ablauf der Frist also schnellstmöglich in den
Arsch, schieße ihn soweit wie möglich in den Wind.
Du bist ja nicht zu seiner Übernahme verpflichtet – ebenso
wenig zu einer optionalen Aufstockung der Vergütung.

7. Lass dich feiern, sabriere den Champus und hol dir einen
runter; du hast alles richtig gemacht:
Poliere das Betriebsimage sowie deine Kassen auf, schlafe tief und
fest, lass dir auf die Schulter klopfen,
herzensguter Samariter.

Eine Sache, die uns alle verbindet,
an Schmerz gemessen, an der Freude schwindet,
vor der man gewiss keine Gnade findet,
an der man *zu Grunde* geht.

Eine so simple Geschichte, doch sehr verzwickt.
Es geht uns *alle* an! So streng, so schick,
zeitlos, beständig – durch dünn und dick
vollendet und schön, Gift und Graus.

Eine dicke, dicke Wolke – ganz düster und ganz grau
so fest, so herrschend, packend – ein Unwetter sich
zusammenbraut
des schleichenden Wegs, doch: Getöse so laut!
Sie schwebt über uns allen, süß und schwer.

Eine Kraft – die umhüllt dich und mich,
ja, es ist die Gewissheit, die uns zwickt.
Die uns neckt und prickt und sticht -
die uns erkennen lässt, wer wir sind.

Eine Horde, unbewusst fliehend.
Eine Masse, flehend und kniend.
Einem Wunsch wir möchten dienen -
Es sterbe der Tod!

   Ich habe Angst.

Jegliche Form von Expressivität kannst du dir schenken,
solange sie nicht
in den Fingerkuppen des Agens verborgen bleibt.

Wenn wir verlangen, verlangen wir nicht -
Die Spiegel sind somit einzuschlagen.
Bleibt nur das Flammengeäst im Areal
für verbotene Wünsche oder Eingemachtes.

Als Hülsenfrucht, als Schale geloben wir Attribute -
Schicht für Schicht.
Kreislauferahnungen erübrigen sich,
Wurzeln glimmen immerfort.

Durch die Mutter geformt, geworfen,
als Individuum oder Verrat,
als Substanz, ein Mechanismus –
mögen wir unsterblich werden – wir haben dennoch
keinen Augenblick gelebt
auf Erden
oder irgendwo.

kein Traum mehr:

unantastbar schleiche ich, auf den Feldern über Leichen.
In Ketten, dennoch walzend
schleich ich über Leichen, über Leichen
inklusive Bild und Tat.

Alles wird kalt oder mehlig.
Wir täuschen keine Lüste, schüren keinen Hass.
Das Wir, das Du, das Ich: nur gemeißelt,
auf Spinnweben ausbalanciert.

Wenn wir verlangen, verlangen nicht wir,
die Flügel sind hiermit auszureißen.

Koste davon:

Asche, chamois; kein „Ocker", kein „Gelb" -
ein träger Tempel, kaum zu durchwühlen,
an den Händen gewaschene Splitter,
und deren Effekt zwischen den Zähnen,
ein Knacken, das der Sand nun einmal hergibt,
ein Geschmack, der vorausgeschickt worden war:

gepresste Körner in geballter Faust,
gepresste Körner in geballter Faust,
gepresste Körner in geballter Faust...

Inmitten des Rieselns fällt eines von ihnen
größer als die anderen aus −
der exotische Kiesel überwindet die Inszenierung hüpfend,
beseelt, abwärts einige der Stufen,
die ich mir geschliffener vorgestellt habe,
um kurz vor dem Ersterben
seiner geringfügig wahrnehmbaren Laute
noch einmal alle Kraft zusammenzunehmen und es plötzlich,
in einer einzigen blitzschnellen Reaktion, sogar vermag
einige Einheiten, rückwärts gerichtet und empor gen Spitze,
zu bewältigen, bevor der zufällige Tanz ein Ende findet.

Darauf konsequent folgend das Tosen irgendeines Windes.
Das Rauschen aus dem Off vielleicht, für dich und mich,
geneigter Leser:

das Szenarium im Schneidersitz, thronend auf der Spitz,

untermauert durch Wolken, die im Zeitraffer noch
mächtiger aussehen können.

filmreif also und doch so arm.

Jeden Tag aufs Neue
in den Mutterleib gezogen.
Mindestens vier Jahre lang
wohlig warm geschaukelt.

Oder eher wie Hunde:
ohne Verantwortung, Mühe, geschweige Hunger.
Müsste ich Anarchie definieren –
heute wüsst' ich es.

Das Bild des Jungbrunnens
umschreibt Zeitmaschinen.

Bild der Pilgerseele, transzendent,
umschreibt Zeitmaschinen.

Keine Propheten an Bord:
ein Hammerschlag, ein Keil, Sprengung?
Plötzlich Suche nach Vermissten, Fragen.
Abends wieder die Pilgerseele...

SÄURETRUNKEN

Säuretrunken bin ich, noch im Zuge meiner Ausgeburt.
Wer spricht da?
Der vorausgegangene Satz, mein Sohn.

Indem ich sie benenne,
jene, die da hereingeschnattert kommen,
fühl ich mich ertappt, erwischt.
Also doch eine Ahnung von Anstand meinerseits?
Ortsgebundene Pietät?

In ihrer Deplatzierung machen sie mich zornig, meine
gleichaltrigen Begleiter aus Schulzeiten von einst, obwohl ich
hier selber in der Tat nichts zu suchen habe:
Ihre Aufmachung gibt mir den Rest – ihre
Geschlechterbetonung widert mich an.

Oh yes, diese Typen haben es zu etwas gebracht, das sieht man
sofort und ihre Gemahlinnen:
Wie mindestens vierzig sehen sie aus,
wie die Mütter ihrer Bubis,
– nicht wie deren Schwanzlutscherinnen –
dennoch bin ich davon überzeugt,
dass sie ihren Job so richtig feiern.
Ebenso wie die Prager Nutten, die es ihren Kerlen
noch wenige Jahre zuvor besorgt hatten (so wurde jedenfalls
lautstark getrommelt).

Ist es die Schminke, ist es das Aftershave?
Sind es die Handtäschchen samt verchromter Schnallen
auf Imitat (glaube an dieser Stelle, dass es tatsächlich
Leopardenmuster gewesen war)?
Die Pfennigabsätze? Die kurzen Röcke?
Die Krawatten, Dreiteiler, die markante Armbanduhr?
Das getaufte Kind auf dem Arm,
welches nicht stillzusitzen vermag,
im Pullunder mit gegelten Haaren?
Oder nur die ausgebügelte Faltigkeit?

Andacht, oh Andacht...

Rosen- oder Eichelkranz?

Da oben auf dem Hügel, da wohnt ein Gott.
Unerreichbar.
Vielleicht sogar *der* eine.
Ich zeige ihn dir, aus der Ferne,
denn mehr kann ich nicht tun,
als draufzuzeigen,
was ein Unterschied ist.

Da oben auf dem Hügel, da wohnt eine Göttin.
Unerreichbar.
Vielleicht sogar *die* eine.
.
.
.

Oh Mann,
jetzt ist der Unterschied noch viel deutlicher;
nicht wahr, Patriarchenwurm?!

Gerüche dominieren,
danach der Rahmen, in vollkommener Spannung, zersetzt
Gegenwärtiges, fordert Innehalten zum
Malträtieren des vermutlich limbischen Sammelbeckens für
Dateien der Ekstase und Suizid.

worauf ich nur entgegnen kann:

Nein - er ist es bereits!

Aber kann es nur schlechter werden?!

Denn die psychedelischen (Tag)Träume und Visionen
der „Nichtganzernstzunehmenden", „der Kleinen",
offenbaren ihre Magie über die Teilhabe an der Welt hinaus,
nicht nur in die Geschehnisse des Kosmos
eingreifen zu *können*,
sondern diesen zu bestimmen und zu formen –

sie sind sich dieser Tatsache nur schlichtweg nicht bewusst.

Dennoch sind *sie* die wahren Götter - während *wir*,
ein Synonym unserer lächerlichen Unzweifelhaftigkeit
von oben herab,
in der unaufhaltbar weiter voranschreitenden Distanz zu ihnen
so etwas wie Spiritualität und Transzendenz
erst als Begriffe entwerfen müssen!

Gedanken und Gefühle heben dich empor –
wenn Himmel Feuer fangen,
werden Träume zur Flucht.

Unterschlupf, ein wohl'ges Heim,
geborgen, weich in Armen haltend,
Liebe erfahrend, den Geist erweckend,
erlabend, dennoch Vorsicht waltend.

Denn: Gieriger Schlund tut sich dort auf,
wo's unbekümmert Herzen gibt.
Fletschend, ja tropfend sie dich empfangen,
wenn Freund Geselligkeit dir verspricht
Feind Einsamkeit den Garaus zu machen,
gemeinsam über Tode wachen,
über vergangene dunkle Qualen lachen,
die dir einst ergangen.

Fliehen du darfst in ein andres Reich,
Flüchten sei dir erlaubt in andre Zeit,
doch den Rückweg scharf im Auge haltend –
markieren, setzen mit Gespür
stets ein Glied in der Hintertür.
Die eine Hälfte – vorwärts Marsch!
Der zerrissene Leib: auf die Harsch,
auf unebene Bahn, rutschig und glatt –
fühlen, was Abend noch zu bieten hat.

Manchmal schmeck ich Bejahung –
konzentriert, für Dekaden geltend.
Und in geballten Fäusten geschmiedet
erscheint Notwendigkeit luzid.

Dann erflehe ich Straßennamen,
Widmungen und Büstenlehre.
Mein Konterfei kleidet Nischen aus.

- - - - -

Oftmals schlingt Verpuffung
unter faulem Dunst den letzten Laib.
Pervers erleichtert, abgestumpft:
die Gelegenheit der Epilepsie.

Dann verweigere ich Heldentaten
und gebe mich den Ismen hin –
Die Epitaphe meißeln schon.

Im Zwischen all der steten Halme
in Fühlerfülle, der Instinktenschmelze:
ein Solitär,
dem Blattwerk untertan.
        „Von allen guten Geistern verlassen"
nach „draußen"
draußen
    draußen
        draußen
            draußen
wo sein äußerstes Innen längst
sprießt und wartet,
und die farbig Chronik-Lunge
seufzt ihr Pappelspiel
ein und aus, aus und ein
und wiegt.

Naimzeit. Im Schuh die Marmeladen-Tastatur.
Immer dasselbe im roten Auto, immer die gleiche Komposition
im Sitzen, im Fahrstuhl, auch mal im Liegestuhl, so Camping-
Prolo-mäßig. „Da bin ick daheme", mit so richtig knackiger
Stimme, aber auch mit ein bissl Aggression unter den gekniffenen
Augen. Musikantenstadel – ha, welch ein Bruch, du Genie-
Geburt. „Mach weiter, mach weiter"! „Du kannst es schaffen!"
Und wieder: „Du kannst es schaffen!"
Fingiert ausprobiert. 1–2–3
Stöhn - hier könnte man jetzt den Stift herniederlegen/-führen.

Da geht sie entlang, die Fremde.
Und mit ihr all ihre Flüsse aus Energie und Zeit,
Bewegungen, Lebensfortgang ohne Pausentaste.

Ich schaue aus dem Flugzeug:
Da ist sie wieder, gleich mehrfach;
tatsächlich, unter den sonnenbenetzten Blechkisten
führen auch diese Reflexe ein Eigenleben,
inklusive Speer und Schmuck.
Ich schaue das Fluchten der Autobahnen,
kurz aufblitzende Lichter von Geist und Tat.
Ich schaue die gläsernen Wolkenkratzer,
darin sind Fleisch und Mühe.
Ich schaue den Hirten, vereinsamt, doch tätig,
mit all seinem Wissen um Leere und Füllung.
Ich schaue in den Bahnhof,
ins Stadion, Messe, Demonstration.

Unfassbar, dass auch jene Leiber
Speicher, Ausblick, Diesseits bedeuten,
ebenbürtige Systeme, stehen mir nicht nach.
Wieso auch und warum,
wenn ich mir beim Vorbeihuschen jener Ansammlungen
und Streifen übers Gesicht *meiner* Fremde(n)
in aller Eile ihre individuelle Geschichte erfrage,
tatsächlich instinktiv,
nicht also das Interesse heuchle,
sondern vorgeschobene Feindseligkeit?

Dann plötzlich bricht der Parasitenbann:
Sie alle gehen mich etwas an.

VERLERNT

Meine Augen: trocken,
erfroren, erstarrt
vor den Mauern eines Tages,
hinter den Mauern eines jeden Tages
da versiegt
ein Fluss.
Und mühsam gefüllte Gräben
verfliegen, atmen
ihre Schemen aus:
Schattenwesen.

I   *Da* ist kein Hass.

I.I   auf deinem tiefsten Grund
I.II   auf den Gründen anderer, die wir alle sind:

          Da ist kein Hass.

II   Mache es dir zur Aufgabe,
          die Wichtigkeit und Bedeutung,
          das Potenzial dieser Erkenntnis:

II.I   nachzuvollziehen, indem du einsiehst,
          dass I.I und I.II identisch sind.
II.II   für jeden Menschen erfahrbar zu gestalten.
II.III   als Maxime zu werten.
II.IV   in die Welt zu schreien und zu tragen:

          Da ist kein Hass!

III   Gestalte dieses Diktum als die Idee
          von etwas konkret Aufspürbarem.

IV   Begib dich auf die Suche nach dem *Da*, oder vielmehr:
          finde, indem du dich mit dir selbst konfrontierst.
          Denn *hier* liegt der Schlüssel.

IV.I   Sorge dafür, dass jene Konfrontation unumgänglich
          wird, Ausflüchte unmöglich sind.
IV.II   Bediene dich gewisser Hilfsmittel, wenn du es von selbst
          nicht schaffst.

V   Expandiere | transzendiere jenes „Da", wenn du es
          gefunden hast.

VI   Zwischen IV.II und V liegen Welten.
          Welten titanischer Dimensionen und winzig Schimmer,
          simultan in deiner Hand.

Da ist kein Hass.

Welches „Da" magst du fragen,
wohlwissend, dass es deiner tiefsten Tiefe entspricht,
in dir weilt und wartet,
an die Oberfläche stranden muss:

tat tvam asi – das bist du.

Geastete Scheiben, den Aralien-Komplex veräußernd,
ihr Brotzuwachs im Doldenschlüssel
singet der entlegenen Früchte.
Das panaschierte Adernetz, der Engramme entsprungen,
siebt im Straßengraben das Visiten-Zelt
der Sternwarten aus –
Trinkt, oh trinkt, ihr Halme!
Jene wächserne Zähung des Obsidian ist nahe,
ihr Fortbestand ein Trümmertum.

OLD MAN

They said you're too old, too weak to be young
until you stung the rules in crowd.
and your words with the force of a pest
rolled over the towns, nested in heads.

and soon... and soon

as you were reborn, a new life in the hands,
you wanted to be rich of love or hate.
it was your mistake, you couldn't decide
and they took advantage of this moment

your life... your life

now from this hill – good view and good sight
you're able to reflect but you can't hide
all this scum and dirt, all this stuff –
see your splashed painting dipped in acid

and soon... and soon

(1.)

Ich halte den Strom der Zeit, den unendlichen Lauf,
ein letztes Mal und blicke hinauf...

In seichtes Tuch gekleidet
schwebt der glühend', doch sinkend Ball.
Sein Antlitz, Pracht der Abendblüte,
besiegt, beschließt sogleich den Fall
des Reiches der Trauer, das Schmerzes, des Leids
und lässt strömen seine Macht
in den müden Leib
eines Wanderers.

All die tanzenden Felder, welcher Musik sie lauschen?
Welchen schallenden Klangs? Ich möchte mich berauschen
an ihrem Schwunge, ihrem kräftigen Spiel.
Bin ich auf der Flucht? Hab ich ein Ziel?
Nein!
Es beobachtet nur ein alter Mann.

(2.)

Nahe mit Gewalt nehme ich mir die Zeit,
schaue in die Fern, blicke in die Weit
mit warmen Herzen entlang des Wegs.
Oh - das Reisen nie zu Ende geht!

Es umhüllet mich ein warmer Mantel,
wenn goldner Raps mir in die Nase steigt.
Blut des Mohns in meinen Augen
erwecket die Vergangenheit:

Denn schon einst als junger Knabe
besaß ich die gemütlich Gabe,

auf den Feldern und den Wiesen
die Zeit verstreichend wach zu liegen.

Viel Spott und Hohn ich musst' ertragen
von Kindesbein bis zu den heut'gen Tagen.
Einen Träumer, einen Streicher sie mich nannten.
Es war zu spät, als sie erkannten,
dass ich als alter Wandersmann
der Einz'ge bin, der ruhig schlafen kann.

Und heute sei es der letzte Tag,
an dem ich mich erholen mag.
Noch einmal weit herausgezogen,
um mir die fröhlich Pracht zu loben.
Geraschel, Zwitschern, Summen und Stille
mein tobend Herz, mein letzter Wille.

(3.)

Froh und leicht, mit gutem Mute –
meine letzte Rast bei einer Buche
auf einer Decke im saft'gen Gras.

Dieser Abend soll auch der meine sein –
unser aller Mutter lässt mich nicht allein.
Es wiegt mich in den Schlaf hinein
eine Amsel so steif, so starr,
pochend Brust, Augen so klar.
Dunkel, regungslos, ganz leis,
betrachtend den alten grauen Greis.

Ein schnelles Zucken in den grünen Rüben:
die Heimkehr des Rammlers zu seinen Lieben.
Schwarz-rote Käfer auf meiner Hand
setzen auch zum Rückflug an.

Ein letzter Zug des Windes,
ein letzter Zug der dunklen Kissen
durch purpurne Unendlichkeit
lässt mich den Frieden wissen.

Würde der Mensch seine Energie, die er aufs Labern verwendet,
häufiger in die Entspannung seines Arschlochs investieren,
wäre allen bereits zumindest
      etwas
         geholfen.

Oder beim Pissen, aufgehängt an den Fliesen,
wenn du mit der Nase beinahe daran stößt,
mit dem dämlichsten Gesichtsausdruck aus deinem Repertoire,
geradeaus wie dein Nebenmann,
ganz abgesehen vom Ammoniakgeruch,
der dir beim Innehalten in die Nase stößt,
jenes Luftanhalten, wenn du keinen Tropfen wringst,
weil du die geballte Lächerlichkeit, dicht an dicht, registrierst
und nicht nur wie sonst erahnst.
Raum und Zeit erhalten JETZT Gewicht,
das uns alle zieht,
im Alltag jedoch waltet die Sublimation.

„Sublimation" sag ich, „/Sublimierung",
und höre und siehe meine Adressatenorientierung –
AAAAARGH, welch ein Graus!
Meinen Anspruch ad absurdum geführt,
indem an den Belesenen gerichtet, aber für *alle* gedacht.
„Separation", AAAAARGH!
„Divergenz", AAAAARGH!
„Ästhetizismus", AAAAARGH!
„Analysewahn", AAAAARGH!
„Zerdenkspirale", AAAAARGH!
„Subsumption", AAAAARGH!
USW. USW.
STOPP – bitte, STOPP – aufhören, STOPP!
Haltet mich an! Pustet mir das Hirn raus!
Ich flehe irgendetwas an.
USW. USW.
(für den Deppen-Leser:) -> „Teufelskreis", AAAAARGH!

Zumindest also angedacht und von mir gepriesen:
Literatur und ihr Potenzial
(mein Schaffen bis hierhin = dein Lesen in *diesem* Moment)
muss für alle da sein, doch vergewissert sie meine Lächerlichkeit
gleichermaßen,
bravourös, in vollendeter Form.

Und gleichzeitig meine Selbstbeweihräucherung,
der Schulterklopfer mit Kali-Armen,
(Versteht das der Pöbel überhaupt?)
AAAAARGH! Es geht schon wieder los!

...Dann lieber zurück zum Kacken,

denn in den profansten Verrichtungen liegen die profundesten
Erkenntnisse. Und auch die markigsten Sprüche,
Volksmünder, pointieren klarer als Ismen, Wälzer, Titel-Heimser,
genügen sich selbst für alle Zeiten.
Dessen sind sich zwar die meisten bewusst,
aber niemand *wirkt* – auf dieser Basis.
Denn irgendwo ließe sich ja womöglich ein weiteres
Abstraktionsgerüst aufstellen,
Theorien über Theorien gestapelt.
Ganze Lebensläufe unterliegen dem Defäkier-Komplott.
Hierarchien auf ewig,
um unser aller Verwandtschaft in Sachen Armseligkeit
so weit wie möglich
nach unten
zu drücken.

Haben unsere Geburt noch nicht verarbeitet
(bzw. dies noch nicht einmal angedacht)
und wollen schon auf den Mars:
Was zur Hölle ist bloß mit dir los, Menschenkind?!
Was ist in uns gefahren?!
Ob Autoschlosser, Doktorvater, Studienrat, Kanalarbeiter,
Präsident:
Da hängst du auf dem Scheißhaus rum,
während sich neben dir ein Reißverschluss gesellt,
identifizierst deinen Endgegner am Schnauben und Seufzen
hältst Luft und Schließmuskel an, ganz so,
als hätte niemand dieses kleine, aber entlarvende rote Signal
bemerkt; es stinkt jedes Mal anders, aber garantiert wie Sau,
aber nein:

zwei Minuten später lecken wir dem Rivalen von eben die Stiefel,
geben vor, über seine quälend langweiligen Anekdoten inkl.
bemerkenswerter Schlagfertigkeit zu lachen
oder
lassen uns die Stiefel lecken, fordern das anerkennende Lachen
über unsere quälend langweiligen Anekdoten inkl.
bemerkenswerter Schlagfertigkeit.
Ganz abgesehen von den Weisungen, die wir daraufhin erhalten,
ausführen oder selber in die Leiber
unserer Untertanen peitschen.

Wie steht eine außerirdische Intelligenz diesem Schauspiel wohl
gegenüber, wer oder was Planetenfremdes hat (zweifellos) Spaß
an dieser Komödie und ihrem Eigenwert der Wiederholungs-
Routine-Zivilisation?
Wären wir nicht so brachial scheiße und voller Destruktion,
könnte man uns nämlich geradezu niedlich finden;
die Lächerlichkeit würde weichen, ebenso die Ansprüche,
unsere Absurdität jedoch bliebe unterstrichen und versiegelt.

Warum bringt mich die stets wiederkehrende Gewissheit der
Existenz von beständigen Innovationen und gleichzeitiger
Banalität wie Stromzählern, Parkhäusern, Parfümerien, dreiteiligen
Anzügen, Steuererklärungen
näher an den Abgrund des Suizids
als Weltschmerz, Ohnmacht, Tatendrang?

Vielleicht kann man ja die Strukturalisten um eine Antwort
bemühen.
Oder andere Spürhunde ansetzen, die sich unserer
Geruchsbildung annehmen und Ismen schmieden,
um etwas an die Ewigkeit zu geben, die es nicht gibt.
Wir Menschen bleiben nun einmal Verrichtungen:
der alberne Affe.

Eine Vorlesung unterscheidet sich im Wert nicht vom
Tischgebet, die Quantentheorie ist identisch mit der Länderspiel-
Analyse, Omas Schneewittchenkuchen-Rezept so moralisch oder
authentisch wie die allerfeinste Porno-Prosa.

Ein Hemingway ein Beckenbauer, ein Leibniz eine de Beauvoir,
Kant ein Connery, Kahlo eine Hawking, Picasso ein Timberlake,
Lennon gleich Newton, Platon eine Butler, ein Cruise ein
Federer, eine Franklin eine Williams.

ein Du ein Ich; ganz einerlei.

Schau dich also genau an, bevor...bevor was eigentlich?
Oder rieche besser.
Mehr als einmal, vergewissere dich; *three times a butthole*.
Denn obwohl sich an dieser Stelle, ja, genau
zwischen
deinen Eiern, Spalten und Dunstritzen
Dialektik um Niedergang und Rettung einer ganzen Spezies
anbahnt, schmiedest du an der Krone der Schöpfung weiter.
Kannst überzeugt bleiben.

Aber da steckt man nicht drin.
Aber muss ja.
Kommt Zeit, kommt Rat.
Wie's halt ist.

Und bleibt.

Also reiße dieses Blatt heraus
und verleihe wenigstens etwas Sinn,
indem du dir damit den Arsch abwischst!

Was ist mit mir eigentlich los,
was will ich mehr oder was für andere, die nicht ich sind?
Ist es das – dass ich *nur* in mir stecke?
Ich bin doch so dankbar für meine Existenz,
dankbar dafür, tief empfinden,
mich als leidenschaftlich charakterisieren zu können.
Betrachte mich als gesegnet, habe viel Liebe zu vergeben
und liebe mich selbst.
Bin gebannt von diesem einen, den unseren Planeten,
aber kann die Zivilisation nicht leiden.
Ist es so einfach?
Bitte schreib für mich weiter,
denn so verblasst nichts und du erhältst mich am Leben,
das ich liebe.
Oder bringt mich nur mein divergent-laterales Denken
um den Verstand?
Bäh!

Fließe.
            Fließe.
Fließe. Fließe.
Fließe.   Fließe.
Spende. Spende.   Spende.
Teile.
Löse.   Löse.
Tröste.
Teile. Teile. Teile.
Fließe. Fließe. Fließe. Fließe. Fließe.
Streichle.   Streichle.
Wärme.   Wärme. Wärme.
Löse. Löse.
Forsche. Forsche.
Tröste.
Spiele. Spiele.
Wecke. Wecke. Wecke.
Fließe.   Fließe.
     Fließe.

Pack das Faultier am Schaft. Stopf' die Boa in' Sack.
- Doch vergiss nicht zu zahlen
für jene fixen Momente der Freude.
Oder waren es Qualen? –
das liegt ganz bei dir.

Flambiere das Meerschweinchen. Püriere den Frosch.
Dir wird es nicht schmecken.
Lass dir das auf der Zunge zergehen. Und ich sage noch:
Dir wird es nicht schmecken!
– wenn du meinst...

Raspel das Lama. Klick das Alpaka.
Witzeleien über deine Dreads möchtest du jetzt erdulden.
Schlachte sogleich sämtliche Mythen aus.
Ein Selfie-Stick wird dafür nicht reichen –
aber da bin ich mir gar nicht mehr so sicher.

Wring die Lianen. Sprich mit der Schlange.
Vergiss deinen Schminkspiegel nicht. Kotz in den Eimer.
Jetzt kann man den Schminkspiegel samt Schminke umso mehr
gebrauchen. Vielleicht hast du einen Kaugummi dabei?
Nein, man kann nicht direkt das festhalten,
was du gerade alles innen gesehen hast.
– noch nicht –
aber wahrscheinlich liegt auch das mitunter bereits bei dir.

Zieh dir die Nazca-Affen durch die Nase.
Nimm einen erhöhten Standpunkt ein.
Färbe den Misti siebenmalig, bevor du am Grand Canyon...
ups...
ich meinte Colca- steifst.
Absolutely amazing...und verpflichtend,
diese bunten Bommelmützen. Stehen nicht jedem
– aber gut...

Fahr mit dem Bus die Hänge hinauf.
Finale.
Natürlich *den einen* Trail bzw. parallel dazu.
Mach dir die Haare schön, wenn du oben bist.
Lecke im Vorbeigehen eine Kröte, die es hier gar nicht gibt.
Ach ja, du fährst ja eh.
Man müsste ja eigentlich mal Coca kauen,
wenn man schon mal hier ist.
Doch du betäubst deine Schleimhäute mit Anti Brumm.
Aber hätt' ja sein können.

Die erstellten Dateien vor Ort muss ich jetzt gar nicht erst
erwähnen – ich kannte sie vorher schon.
Und auch dich habe ich schon einmal vorher_gesehen.
Von aller Anfang an. Und immer noch.
        In mir.

Will zurück nach Alabama,
wo ich nie gewesen bin,
Träume noch wuchsen wie Steine
und heutzutag Neurosen sind.

Hab Sehnsucht nach der alten Hure,
in deren faulen Schoß ich nie versank
tausend Spalten noch immer stopf
mit Gaben wie aus Geisterhand.

Bin beklaut, betrogen worden
und von Kindesbeinen an verführt
hab die Zuckerberge, den Superlativ,
in Plastikträumen längst passiert.

Sah mich in der Miene spiegeln,
die stets Revolver bei sich trug
und mit dem Peitschen der Motorenwerke
samt Kokarden um sich schlug.

Tanzte in den wilden Armen,
„verging in Studios an den Bouquets",
Chimären, Blendung, Paparazzi,
nach denen sich der Schwanz erhebt.

Gesättigte Schnüre, Raumverzicht
in Lippenfalten, die keine Lippen sind.
Nur die Reliefs vermögen zu täuschen,
vermögen zu bluten,
gehen über die Milch hinaus
in Waschsalons,
ins Katharsis-Café
um die Eck'.

Wenn jede deiner Fasern trunken,
bestürzt in dir vibrierend,
das Ich zerfetzt, zerklüftet,
kontrollverlustig Panik stiftet,
kannst du fliehen und dich *er*geben
oder wagend dich:
*hin*geben.

*Zu*gegeben,
das ist ein leichtes Wort,
ein schneller Satz, der viel verlangt.
Jedoch erst durch Ekstasen-Sprengung
wird die Institution
- dein Ich -
unumgänglich aberkannt.

Deine Chaos-Angst in allen Ehren,
doch bist du eh nie ganz, allein
– auch außerhalb des Rausches Raum –
doch *hier* profund:
ein Stelldichein.

Mit dem *Einen*, das,
bei aller Fremde,
du selbst je warst und bist und bleibst,
Solitär und Kollektiv
statt Ego-Wahn nun Brahman heißt.

Kämpfe nicht, sondern falle!
Denn hier liegt aller Segen –
Warum festen Boden,
wenn du vermagst
auf Teppichen zu schweben?

MENSCH =

Du (ent)kommst
deiner Bestimmung als
x
nicht mehr nach.

zwischen erstem Frühstück und Mittagsmahl,
blicket zu mir privat der Töne Licht,
während für alle(s)
an Feldern, Meeren, Bergen und Horizonten
endgültig verwoben,
um doch ewiglich zu glühen,
ein Mandala
vom Boden aus
wie ein Regenbogen
in einen Himmel steigt.

Das soll's und wird's gewesen sein.

TRIADE

Wozu Fragen? IHR drei seid und bleibt!

Ein Nihilist schreibt keine Gedichte;
geschweige denn, dass ihm ein aufrichtiges Interesse und
der Wunsch innewohnen, seine Verzweiflungstaten, even-
tuelle letzte Schreie an den Silberstreifen, stanzen und ver-
öffentlichen zu wollen.
Will heißen: Wenn das Meiste so mordsmäßig scheiße und
eh verloren scheint wie manches Stück der Sammlung
schreit, der ausge(r)wachsene Mensch ein(e) Arschloch bis
Bestie ist, wie hier beim kurzen Durchblättern bereits zu
vernehmen, wozu dann überhaupt noch schreiben und
obendrein Verzweiflung teilen, Pessimismus befeuern?
=

Weil wir am Leben hängen.
Auch der Nihilist, der deshalb keiner ist.
Seit eh und je und nach wie vor, unabhängig von der Ge-
schichte eines Kollektivs oder Einzelwesens, der Autor ein-
geschlossen.
Davon geh' ich im Folgenden aus. Und an.
Was jedoch, wenn eine private Definition von *Leben* ins
Wanken gerät, Grenzen verschwimmen oder sich manifes-
tieren, deren Festigkeit Barrieren heraufbeschwört, ein
Staudamm des intuitiven Flusses, eben noch Leben gehei-
ßen? Welche Bilder und Begriffe bleiben jetzt noch übrig?
Immerhin bedeuten das *Vor*, das *Hinter* jener Staumauer in
ihrem Nebeneinanderbestehen noch etwas:
Planet und Mensch? Umwelt und Zivilisation? Individuum
und Gesellschaft? Natur und Geist? Leib und Seele? Sub-
jekt - Objekt? [...] Spaltung vs. Verschmelzung,

Ab- oder Zusage, Liebe und Hass; auf wen projiziert? Innen und außen? Usw. usw.

Die an dieser Stelle formulierten Fragezeichen und (Gegen)Pole muten willkürlich an und ließen sich gewiss beliebig weiterstapeln bis türmen, entsprechen jedoch in reduzierter Form bereits einigen Motiven und Leitfragen einer künstlerischen Auseinandersetzung, die beim Blättern durch die hier vorliegende Schaffensspanne von siebzehn Jahren stets wiederkehrende sind. Gleichermaßen repräsentieren sie den pipettenhaften Charakter der vorliegenden Sammlung, die bewusst auf eine chronologische Sortierung verzichtet und ein stöberndes Lesen motivieren soll. Die roten Fäden werden schon gesponnen werden. So möge weniger die Biografie als eine Aktivierung nach außen im Vordergrund stehen.

Und dennoch sind da die roten Fäden, meine Personalie, die Akte Mensch betreffend:

Desorientierung, Verunsicherung, Verzweiflung, aber auch positiv kontrastierende Widersprüche als Begleitumstände jener o. g. zermürbenden Fragen, mündend in der einen, *was Leben noch sei*, zeichneten sich bereits in früheren Phasen meiner persönlichen Schreibarbeit ab.

Es bedurfte jedoch eines langen und teils quälenden Weges der Introspektion – konfrontierende Strahlenbrechungen – um die Zusammenhänge eines stetig wachsenden Leidensdrucks herauszuschälen zu können, die beispielsweise aus solch Kontexten wie *verlorengegangene Einheit* resultier(t)en (siehe COLLAGE THEMATISCHER SCHWERPUNKTE UND PROBLEMKOMPLEXE; S. 9-11).

In der Langzeitperspektive atmen sich nun diese inneren Räume aus, eventuell tatsächlich Luft-verschaffend und gleichwohl ahnend, dass damit niemandem geholfen ist, außer vielleicht in dem Trost, sich ansatzweise gegenseitig und gespiegelt verstanden zu fühlen. In diesem Zusammenhang möchte ich mit meinem Einblick in MEIN SCHREIBEN? (s. S. 120) auch explizit junge Autor*innen ansprechen und motivieren. Denn alles in allem bin ich zuversichtlich, meinem Verständnis bzw. einem wesentlichen Potenzial von Literatur, ganz gleich, welcher Gattung und im Wissen um die Färbung meines persönlichen Lebenslaufs, zu entsprechen:

Simulationsräume öffnen,

der Sprache der Seele Gehör verschaffen.

Und wenn diese mitunter eskapistische Tendenzen offenbart, dann ist auch das in Ordnung und erlaubt, gar notwendig. Dafür bedarf es an einigen Stellen in technischer Hinsicht mal Reflexe, mal Provokation; bei allem mutmaßlichen Argwohn bis Zynismus, Konkretion, aber auch sprachlich Undurchdringliches, Nebulöses –

und, um letztendlich doch noch ein deutliches Wort zu hinterlassen:

Zugegeben, mein Blick in eine Zukunft des Planeten, der Natur, des Tieres, in eine Zukunft des Menschen, der Seele – das ist einerlei – ist ein pessimistischer. Aber nicht derart gestaltet, dass ich meine grundsätzliche Einstellung,

Lebensbejahung und Dank verbunden, negieren würde bzw. könnte (siehe ZWISCHENNOTIZ).

Und die in manch Moment der Schönheit, der Vermählung wächserner Wärme, kleiner Tod und Verwebung,
sei es in der zwischenmenschlichen Begegnung und Berührung oder Naturspiritualität, soweit (ent)führt, dass ich die Hoffnung hege, die roten mögen keine seidenen bleiben oder zumindest zu Ariadnes Fäden werden.

Zunächst einmal muss festgehalten werden:
meine Lust an der Bandbreite, am Facettenreichtum; ganz
so, als sollen die Leute, die mich nicht persönlich kennen,
beim Durchblättern das Gefühl bekommen, bei dieser Zu-
sammenstellung muss es sich um mehrere Urheber, um
vielleicht zwei oder drei Autoren, nicht um einen einzel-
nen handeln, so unterschiedlich fallen die Texte aus. Dach-
te ich zumindest. Nach mehrmaliger Prüfung hatte ich das
<u>Gefühl</u>, dass sich eine Grundstruktur à drei Typen festhal-
ten ließe.

a) Grundsätzlich zeichnet sich ein hermetischer Stil ab,
etwas schwer Zugängliches steht also plötzlich im Raum –
er dominiert mein Schreiben (z. B. VERLERNT).
Warum, siehe weiter unten.

b) Dann tauchen daneben Gedichte auf, die im Grad der
Chiffrierung noch einmal schwerer zu „entschlüsseln" sind,
die die Leserschaft enigmatisch gedopt im Dunkeln tappen
lassen und lediglich Fragezeichen aufwerfen, die in einer
Interpretation wiederum durch „alles und nichts" getilgt
werden mögen (z. B. AGNOSIA TERNIFOLIA).

c) Und dann sind da noch die Texte, die sich vom lyri-
schen Charakter dadurch entfernen, dass ihnen jeglicher
Ästhetizismus abzugehen scheint, das Verdichten ausbleibt
und an seine Stelle eine spontane Grobheit tritt, die teils
nüchtern, kalt oder ätzend, aber nicht poetisch anmutet;
dafür aber vielleicht eine tiefere Fakten-Beschäftigung in
sich trägt, u. a. zeitaufwendige Recherchen (z. B. EQ-MAß-
NAHME).

Aber sicherlich, auch jene prosaischen Passagen unterliegen letztendlich einem Ästhetizismus-Prinzip wie die anderen auch. Oder vielleicht sogar eher einem Wahn – erst recht dann, wenn man bereits beim Verfassen im Hinterkopf hat, sie irgendwann in einem Gedichtband als Lyrik stopfen zu wollen. Vielleicht möchte ich mit diesem Hinweis auch einfach nur zügiger auf eine meiner größten Anfälligkeiten zu sprechen kommen, der Über-Überarbeitung. Sie wird bestimmt durch den Faktor *Perfektionismus*.

Und *Zeit*.

Durch sie bleibt so einiges auf der Strecke, was im ersten spontanen Dessin hätte belassen werden sollen. Aber dann schleicht sich der Schleifungsprozess mit Ausblicken nach mehr Wirkung oder Atmosphäre ein und schon ist's ver-gurkt. Auf diese Weise kam es zu Episoden der Texterstellung, in denen ein und dasselbe Schreibziel revidiert und revidiert, wiederholt in Frage gestellt, verzweifelt und be-klatscht und doch erneuert wurde, was nicht selten mit mehreren Wochen Beanspruchung einherging (z. B. GEDANKEN DES ALTEN WANDERERS oder SZENARIO WIE JEDES ANDERE - I: GIZEH). Insbesondere diese beiden sind auch als Kontrastpaar anzuführen, was Qualität angeht (zur Erinnerung: siebzehn Jahre Schaffensspanne...). Dann die Fragmente: jahrelang ruhend, sporadisch angewagt, verges-sen und doch noch komplettiert (z. B. ANGST UM JEDEN PREIS).

Präsent sind mir jedoch noch ebenso Momente, in denen ein plötzlicher nächtlicher Einfall (z. B. IN DER ANNAHME DES P.) direkt und glasklar zum konkreten Gegenstand ge-schält wurde, der Text in Typografie und Anordnung schablonenhaft vor den Augen lag, das Thema von vorn bis hinten unmittelbar-fassbar, spruchreif.

Auch SPRECHSTUNDE oder PUSH THE BUTTON gehören zu solchen „Ad hoc-Fixierungen", die sich unmittelbarer Affekte um Zorn und Entrüstung annehmen. Nur musste ich bei ihnen noch die treffenden Worte dazu finden.

Und dann die auferlegten Stücke, wahrhaftig; innerhalb weniger Minuten abgeschlossen, für fertig empfunden, auf Überarbeitungen gepfiffen, Worte, aus welchem Äther auch immer: Diktate aus dem Nichts. Habe keine Ahnung von und noch weniger das Interesse an ihrem dahinterliegenden Sinn – was nicht heißt, dass sie inhaltslos, substanzlos oder willkürlich sind – weil sie sich schlichtweg noch immer selbst genügen, Frieden atmend und während des Eintippens bereits unumstößlich richtig schienen. Gedichte wie KATHEXIS oder WIE WEIT BIST DU, ARCHIMEDES? zähle ich dazu – sie stehen für Empfindungen der absoluten Überzeugung, Souveränität im Zuge des Prozesses an sich. Jene gehen auch über eine Écriture automatique hinaus, indem nicht Begriffe wie Kontroll-Ausschluss – Bewusstsein – Unbewusstes, sondern ein Flüstern von außen, welches innen bedeutet, im Zentrum steht. Vertrauen auf das, was da in Eile emporsteigt und kein Revidieren verlangt.

Vielleicht kann man dieses Phänomen mit Gottfried Benns berühmter Rückblende auf den Entstehungsprozess oder eher der Explosion seiner Morgue-Gedichte vergleichen.

Jetzt gerade, nebenbei:

Ich schreibe und schreibe, fasle, tippe und platze und dopple, finde kein Ende. Allein das, was jetzt gerade passiert, während ich eintippe und hinterlasse und du gerade liest,

spiegelt ganz prächtig auch mein zwanghaft diskursiv aus-
geprägtes Denken, in Chaos mündend, wider.
Denk ich; DENK ICH (KAKAOANALYSE; CHIMAERA HOMO;
VORZUGSWEISE BEIM KACKEN ZU LESEN)!!!!!
Und auch dieser Ansatz verweist eigentlich "nur" auf das
Zusammenspiel von Inhalt und Form.
Wir können es auch gleich herunterbrechen –

Letztendlich, das bedeuten Kunst, Kultur und Kommuni-
kation, geht es eh immer nur um die Auslotung des ewi-
gen Spiels um Signifikat und Signifikant, nichts weiter. Gar
nichts. Nichts. Sei es in der Malerei, Grafik, Musik, Litera-
tur, Tanz, Film, (Schau)spiel, Aktion, Zwei-, Drei-, Vier-
dimensionales. Jede Form, auf unterschiedliche Art und
Weise und unterschiedlich intensiv, weckt und reizt dabei
ggf. simultan mehrere Sinneskopplungen der Rezipient*in-
nen auf den Plan. Aber obwohl ich mich einen leiden-
schaftlichen Musiker nennen würde: Beim Lesen-Schrei-
ben-Dialog steckt in dem reduzierten Schwarz-auf-Weiß-
gedruckt-Prinzip jedoch gerade aufgrund seines (optischen)
Minimalismus die gewaltigste Magie – so habe ich es als
Kind und Jugendlicher empfunden und empfinde es immer
noch. Literatur, insbesondere Lyrik, schien mir die wirk-
samste und heilsamste Möglichkeit, um – was sollte dieser
Exkurs? – um... Um was eigentlich?

?

Geht es mir um einen konkreten Sachverhalt, eine Bot-
schaft, die ich überbringen möchte? Geht es mir um das
Hier und Jetzt, die einmalige Fixierung, die danach ver-

blasst und sich eigentlich erübrigt, veröffentlicht zu werden?

Die Autonomie der Mittel – im Sinne des Experiments. Wie klingt dieses oder dies mit dem in Kombination?

Was mag diese Typografie bewirken? Wie ordne ich diese an? Geht es mir um die Entropie, „mal schauen, was passiert", um das Zurücksetzen der eigenen Kontrollinstanzen (also z. B. ähnlich einer Écriture automatique)? Hege ich den Wunsch, subversiv daherzukommen, glaube ich an die Möglichkeit eines revolutionären Subjekts, welches durch mein Schreiben im Stillen angetippt bis manipuliert werden könnte – evtl. irgendwann mal auf mich zurückgeführt oder zumindest mit meinem Namen und Größenwahn zweifelsohne in Verbindung gebracht werden könnte?

Gedenke ich, (für) einen Ist-Zustand zu sensibilisieren, bewusst zu machen? Geht es mir darum, zu provozieren? Geht es mir darum, das Rad neu zu erfinden? Spiele ich mit der Scharlatanerie, möchte ich bewusst verschaukeln? Versuche ich mich aufzublasen?

Geht es mir darum, lediglich bei den Leser*innen eine einmalige, eigenartige Atmosphäre während des ersten Schauens-Spürens heraufzubeschwören, schlichtweg wirken zu wollen, ohne eine weitere bewusste Absicht zu verfolgen oder zu initiieren? Geht es mir darum, eine (Lese-)Herausforderung zu hinterlassen? Geht es mir darum, mittels schriftlicher Auseinandersetzung in mich selbst hineinzuhorchen, originelle, vor allem individuelle sprachliche Instrumente zu kreieren, mit denen ich etwas tief in mir (und dir = uns; siehe z. B. COSMIC TOPOGRAPHY; EN-THEOGEN; UNTERWEISUNG u. a.) Verborgenes, nur als Hauch vernehmbares, Erahntes herauszuschälen vermag? Wozu aber dann veröffentlichen? Stellt dieses Unterfangen einen Hilfeschrei nach außen dar?

Aber wie können die Leser*innen dann auf mich zurückkommen, mit mir in den Dialog treten?

Habe ich das Gefühl, das hermetische Jonglieren mit Sprachfetzen und Neologismen, Tropen etc. ist die einzige Möglichkeit, magische und/oder psychedelische Erfahrungen festzuhalten? Ähnlich sieht es, glaube ich, mit Schilderungen von Depressionen bzw. deren Episoden aus...

Nochmal zur Adressatenorientierung:

an sich nicht gesondert strategisch ausgerichtet – vermeintlich – zudem habe ich weiter oben bereits etwas dazu in meinen Fragesplittern hinterlassen. Aber so manches Stück wendet sich im Sinne einer Weitergabe an „Heranwachsende" generell. Teils aber auch als Rückgabe an (mitunter auch einzelne ehemalige und leider auch viel zu früh verstorbene) [Mit-]Schüler*innen – nicht zuletzt, weil Vieles von ihnen selbst, die Erweiterung und Lebensbejahung, die ich durch sie erfahren habe, hier enthalten ist. Ebenso mein unendlicher Dank für diesen Dialog.

Andere Inhalte, häufig auf einzelne Fachbegriffe und Fremdwörter reduziert, können wahrscheinlich nur mit größerer Lebens- und Leseerfahrung verstanden werden, was ein Ausschlussprinzip mit sich zieht. Und das sagt der, der ich bin. Der, der Simulationsräume für möglichst viele öffnen will; der, der Stolz und Wissenshäufung tadelt – insbesondere hier habe ich noch so einiges zu lernen, wenn ich weiterhin erreichen mittels Schreiben möchte, ja.

Noch ein Adressat: ich, H.T.

An und gegen mich selbst – Spiegelungen:
Einiges davon verstehe ich selber nicht, weil „es" plötzlich eintrat, ohne mich gefragt zu haben, siehe oben.
Weniges, aber doch vorhanden, ist dann auch zu individuell biografisch gefärbt, um verstanden werden zu können? Egal – raus damit!

Und nochmal zur Hermetik-Tendenz:
Persönlich favorisiere ich Undurchdringliches, fremdes Dickicht, Überraschungen, etwas, womit ich auf den ersten Blick zunächst weder klarkommen *kann* noch *möchte*, aktiv wie passiv. Ich habe nie begriffen, wie man als Kritiker*in das Verstehen an erste Stelle setzen oder als generelles Problem manifestieren möchte.
Genießt doch zuallererst mal wieder das Phänomen, dass Buchstaben, vereinbarte dunkle Druckzeichen auf hellem Grund, überhaupt ein subjektives, teils heftiges Wirken auslösen können oder erinnert euch wenigstens daran!
Eine unmittelbare Wirkung tritt also so oder so ein, ob und in welcher Weise sie nachhallt, ist dann eine andere Frage. Nur, weil etwas (bewusst) *schwer*verständlich dargeboten wird, heißt das nicht, dass man *un*verständlich bleiben will und/oder muss. Fragen, Fragezeichen:
Lasst die Immanenz doch erstmal in Ruhe ausatmen...

INHALT

....